AF230815

PLAN

DE

RÉFORME COLONIALE,

PAR A. LASERVE.

IMPRIMERIE EMILE DELVAL,

Rue du Barachois.

Saint-Denis.—Réunion.

1869.

PLAN

DE

RÉFORME COLONIALE.

Bibliothèque Nationale — 1851 — SCHŒLCHER

———

> Né citoyen d'un état libre et membre
> du souverain, quelque faible in-
> fluence que puisse avoir ma voix
> dans les affaires publiques, le
> droit d'y voter suffit pour m'impo-
> ser le devoir de m'en instruire.
>
> J. J. ROUSSEAU.
>
> (Du Contrat Social.)

L'engagement solennel pris au nom du Gouvernement métropolitain par M. le Ministre de la marine et des colonies, dans la séance du 15 avril dernier au Corps législatif, et en réponse à l'interpellation du très-illustre M. Jules Simon, semble assurer aux colonies la réforme politique qu'elles sollicitent depuis neuf ans.

Il est vrai de dire que M. Rigault de Genouilly a fait bien des réserves, et qu'il n'entend distribuer à la France d'outre-mer les libertés et les garanties que d'une main parcimonieuse. N'importe ; tant que notre sort n'aura pas été décidé, tant qu'une loi formelle ne nous aura pas défendu de faire entendre nos vœux, pour ne pas dire nos protestations, il doit être permis aux citoyens français des colonies de réclamer publiquement les droits, les sauvegardes dont jouissent les régnicoles. C'est ce que nous nous proposons de faire dans cet article.

Nous n'avons pas la prétention de parler au nom des autres; nous exposons purement et simplement nos idées, ainsi que le conseille le grand maître que nous avons cité dans notre épigraphe ; nous ne voulons engager à l'avance qui que ce soit ; mais si notre plan de réforme avait le bonheur de rallier des suffrages, si ceux de nos concitoyens qui pensent comme nous le témoignaient publiquement et nous envoyaient leurs adhésions, il est clair que notre Plan de Réforme acquérerait une autorité considérable et qu'il aurait chance d'être sinon accepté, au moins consulté par ceux qui vont décider de nos destinées. Quel que soit le sort qui l'attende, nous croyons remplir un devoir en publiant notre pensée.

Et d'abord, posons en principe que les CITOYENS FRANÇAIS, domiciliés aux colonies, jouissant dès qu'ils se transportent en France de toutes les prérogatives attachées au titre de CITOYEN FRANÇAIS, étant tenus de se soumettre à toutes les obligations qui incombent au CITOYEN FRANÇAIS, on ne peut opposer aucune raison valable à l'obtention complète de ces prérogatives et aux exigences des lois françaises dans les pays coloniaux. Il faut une étrange aberration d'esprit pour prétendre que les CITOYENS FRANÇAIS d'outre-mer ne doivent pas être soumis comme les régnicoles :

A la même législation civile et criminelle ;

A l'exercice des mêmes droits politiques ;

A la même organisation judiciaire ;

Au même exercice des cultes ;

A la même instruction publique ;

Au même recrutement des armées de terre et de mer ;

Aux mêmes poids et mesures, etc, etc.

Que si la présence de nombreux étrangers sauvages ou à demi-civilisés, tels

que les Arabes en Algérie, les Kanaks en
Calédonie, les Annamites à Saïgon, les
Maures ou les Yolofs au Sénégal, les In-
diens et Africains à la Réunion et aux
Antilles, les Peaux-Rouges à la Guyane,
obligent d'édicter des lois spéciales en
rapport avec l'état peu avancé de ces
populations, on ne peut en tirer la con-
séquence que les CITOYENS FRANÇAIS,
blancs, jaunes ou noirs, doivent être ré-
gis par des lois différentes de celles qui
régissent les régnicoles, par l'excellente
raison qu'ils ne sont ni des Arabes , ni
des Kanaks, ni des Annamites etc., mais
bien des CITOYENS FRANÇAIS au même
titre que les Córses, les Niçards, les Sa-
voyards, les Alsaciens, les Flamands de
Lille et de Dunkerque, les Catalans du
Roussillon.

Donc, au point de vue politique, la
centralisation la plus complète doit ex-
ister entre la France continentale et la
France d'outre-mer. C'est ce qu'avaient
si bien compris et l'Assemblée constituante de 1789 et la Convention nationale. On a cru être plus sage, plus
avisé que les pères conscrits de la Révolution, en brisant leur ouvrage ; l'expérience démontre de plus en plus que,
sur bien des points, ce qu'on aurait de

mieux à faire, ce serait de les imiter et de restaurer leur œuvre. (1)

Mais, en revanche, les Assemblées révolutionnaires avaient reconnu que, eu égard aux distances, à la différence des climats et des productions, la décentralisation administrative la plus étendue devait être accordée aux établissements coloniaux, et la bureaucratie césarienne, si chère à la Restauration, au système de Juillet, à l'Empire actuel, leur aurait paru un vrai fléau pour la France d'outre-mer comme pour les départe-

---

(1) Si nous n'avions affaire qu'à des gens de bon sens et de bonne foi, nous ne ferions pas la citation suivante :

« Quand sur une personne on prétend se régler
« C'est par les beaux côtés qu'il faut lui ressembler.
« Et ce n'est point du tout la prendre pour modèle
« Ma sœur, que de tousser ou de cracher comme elle.

MOLIÈRE, *Les femmes savantes.*

Mais comme il nous est arrivé souvent de trouver des adversaires peu loyaux prétendant que nous poussions notre admiration pour les Assemblées de la Révolution jusqu'à glorifier tous leurs actes, il est nécessaire de proclamer cette vérité de M. de la Palisse: Nous admirons ce qu'elles ont fait de bien et nous blâmons ce qu'elles ont fait de mal. Encore faut-il proclamer que le bien domine, et beaucoup.

ments du continent. — Il convient donc qu'on revienne sur ce point aux vrais principes ; que les formes administratives ne soient point les mêmes au 48° degré de latitude Nord et au 21° degré de latitude Sud — pour prendre la Réunion comme exemple ; — que les colons gèrent eux-mêmes leurs affaires intérieures et spéciales; enfin il est juste « de ne pas vouloir que le même paletot serve à toutes les colonies. » On assure que c'est l'expression favorite de M. l'Amiral Ministre de la marine et des colonies, et il faut avouer qu'elle est aussi pittoresque que vraie et pleine de bon sens.

Que faut-il conclure de tout ce qui précède, de la distinction judicieuse que nous avons établie entre la centralisation politique et la décentralisation administrative, de la démonstration péremptoire qu'étant CITOYENS FRANÇAIS, les colons blancs, jaunes et noirs, ne peuvent être privés d'aucune des prérogatives du CITOYEN FRANÇAIS, ne peuvent se soustraire à aucune des charges qui incombent au CITOYEN FRANÇAIS; c'est ce que nous allons tâcher de faire, et nos conclusions seront notre plan de réforme.

1° — **Législation.** —

En premier lieu doit être promulguée à la Réunion , et dans le plus bref délai possible , toute la législation française civile , criminelle , politique et commerciale dont — soit intentionnellement , soit par oubli ou négligence , — on a omis de nous doter. Nous citerons notamment les lois de 1868 sur la presse et sur le droit de réunion, sur l'abolition de la contrainte par corps , et prochainement celle sur les livrets D'OUVRIERS FRANÇAIS. Des légistes plus habiles que nous compléteront la nomenclature.

2° — **Jury.**

L'institution du Jury en matière criminelle doit être organisée ici comme en France ; car il est assez singulier que si un colon est accusé d'un crime à Strasbourg, à Boulogne, à Paris, à Quimper , à Lille ou à Perpignan , il soit jugé par douze citoyens comme lui, dont le nom est tiré au sort, tandis que s'il est accusé de la même mauvaise action à Saint-Denis ou à Saint-Pierre (Réunion), il comparaisse devant trois magistrats et quatre citoyens choisis par le pouvoir. Il est assez singulier qu'un Indien, un Arabe, un Africain, un Anglais, un Russe accusé de crime en France soit renvoyé devant le jury, et qu'à la Réunion cela ne soit pas possible. — En bonne conscience, quelle objection sérieuse et valable peut-on faire à cette réforme ? Comment prouvera-t-on que les colons de la Réunion, blancs, jaunes ou noirs, sont inférieurs en moralité, en instruction, en lumières, aux Bas-Bretons de Quimper, aux *Plat-Deutsch* de Strasbourg, aux montagnards des Pyrénées, aux Flamands de Dunkerque ? Au moins ici, si tout le monde français ne parle pas la langue de Voltaire et de Rousseau, tout ce monde l'entend.

3° — Magistrature.

Notre magistrature doit être entièrement assimilée à celle de la mère-patrie, car on applique les Cinq Codes à Saint-Denis comme à Paris. Pour être magistrat aux colonies, il faut aller prendre son diplôme de licencié en droit dans une des Facultés de la mère-patrie et non à l'Université d'Inhambane ou de Tintingue. En un mot, les Magistrats

créoles ou européens qui nous distri-
buent la justice disposent d'intérêts aussi considérables, ont besoin d'autant de
savoir, de moralité, de dignité que les
magistrats de Brives-la-Gaillarde, d'Ys-
sengeaux, de Castelnaudary, de Castel-
culier. Ils doivent donc relever du
ministère de la justice, comme leurs
confrères du continent et jouir, comme
eux, de cette précieuse inamovibilité
créée non au profit des juges, mais bien
au profit des justiciables. Il ne faut plus
commettre d'anachronisme comme celui qui a échappé à M. Rouher, ministre
d'Etat, le 15 avril, quand il a interrompu
M. Jules Simon pour lui déclarer que
« c'était *en faveur des noirs* qu'on
« n'accordait pas l'inamovibilité des
« magistrats aux colonies. » M. Rouher oubliait que depuis 21 ans les noirs
ont été émancipés chez nous et que la
vieille rengaine abolitionniste de 1840
dont il se servait avait été en 1848 rejoin-
dre toutes les vieilles lunes anti-libérales.

4°. — Clergé. — Instruction publique.

Nous dirons aussi, à propos de l'instruction publique et du clergé, que rien

ne s'oppose à l'assimilation complète de ces services avec ceux de la Métropole, et que tous deux devraient relever des ministères compétents des cultes et de l'instruction publique, non du ministère de la marine et des colonies. Sans vouloir le moins du monde porter atteinte au prestige des marins qu'on appelle en général à ce poste, il est permis de croire et de dire que leurs études et leurs travaux ont eu rarement pour but la magistrature, le clergé, l'Université. Qu'on rende donc à chacun ce qui lui appartient et qu'on cesse de déclasser, même momentanément, les fonctionnaires que chaque ministre prête au ministère de la marine.

5° — Recrutement.

Enfin, puisque nous réclamons tous les droits des Français, il est juste que nous en ayons les charges et que notre population soit soumise aux lois de recrutement des armées de terre et de mer. Cette mesure fera sans doute verser plus d'une larme ; mais il faut espérer que le moment viendra où, grâce aux progrès de la raison, l'impôt du sang deviendra presque nul ; et d'ail-

leurs, le cœur des pères et des mères
du continent n'est pas plus dur, plus
indifférent que celui des parents d'outre-mer. Ils voient pourtant leurs enfants
tirer au sort à la vingtième année, et ils
se résignent; nous en ferons autant.

6°—Suffrage direct et universel.

Si l'on a bien voulu admettre la justesse, l'évidence des propositions qui
précèdent, on sera fatalement conduit
à reconnaître que notre régime politique doit être pareil à celui de la mère-
patrie et que, sauf les réserves admises
par l'Assemblée constituante et la Convention nationale, en faveur des assemblées coloniales, les droits politiques ne
peuvent être que les mêmes pour tous
ceux qui portent le glorieux titre de citoyen français.

Que de 1833 à 1848 la France n'ait
accordé les droits électoraux dans les
colonies qu'à ceux qui payaient 200 fr.
d'impôts, cela se comprend; c'était la
loi qu'elle imposait aux régnicoles, on
ne pouvait lui demander d'être plus li-
bérale aux antipodes que chez elle-
même. Mais qu'en 1869 — vingt-et-un
ans après que le suffrage direct et uni-

versel fonctionne dans toute la mère-
patrie, dix-huit ans après qu'il a fonc-
tionné aux Antilles et à la Réunion ; —
lorsque la Constitution de 1852 et les
lois et décrets organiques consacrent ce
suffrage et défendent, sous des peines
sévères, d'y porter atteinte ; — lorsque
cette Constitution et ces lois et décrets
ont été promulgués dans les colonies,—
on vienne parler de la mutilation du suffrage universel, de restrictions à appor-
ter à un droit imprescriptible et inalié-
nable, de suffrage à deux degrés, de
cens, de capacités, c'est ce que la pos-
térité aura peine à croire.

La loi est égale pour tous dès qu'elle
est votée, sanctionnée et promulguée
suivant les formes voulues. Elle oblige
l'Empereur, le Sénat, le Corps législatif,
les Ministres, tous les citoyens. Or, la loi
défend de porter atteinte au suffrage
direct et universel ; un PLÉBISCITE seul
pourrait le faire et il n'y pas de danger.
Comment se fait-il qu'on puisse songer
à détruire aux colonies le droit inhérent
à tout Français, âgé de 21 ans, jouissant
de ses droits civils et politiques et dont
un jugement seul peut le priver pour
cause motivée d'indignité ? Ne doit-on
pas, en se conduisant ainsi, attirer sur

sa tête tous les foudres de la loi ?

Non, le suffrage direct et universel, tel qu'il est régi par le décret-loi de février 1852, est le seul mode d'élection qui puisse nous être appliqué. Le Chef actuel de la France qui lui doit tout, et sa proscription rapportée en 1848, et la Présidence de la République, et la plus belle couronne du monde, ne peut permettre, ne permettra pas à ses agents et conseillers de porter la main sur l'Arche-Sainte qui a été le Palladium de sa dynastie. En dépit des rétrogrades, des peureux, des égoïstes, des conservateurs-bornes, le suffrage direct et universel sera respecté dans la France d'outre-mer comme dans la France continentale.

Et puis, a-t-on songé à tous les ferments de haines, de troubles, de divisions que jetterait dans le pays l'exclusion des Comices d'une partie de la population ? Croit-on bonnement que tous les CITOYENS FRANÇAIS que l'on aura chassés vont se résigner tranquillement et abandonner sans conteste aux favorisés le droit de voter l'impôt qu'ils paient, la direction des affaires municipales et coloniales qui intéressent toute la communauté ? S'imagine-t-on que nous, les

démocrates, amis du droit et de la justice, de la légalité et de la fraternité, nous
délaisserons nos frères exclus, nous ne
protesterons pas en leur faveur ? Qu'ar-
rivera-t-il ? C'est qu'au lieu de nous oc-
cuper des réformes économiques et so-
ciales, si urgentes pour le pays, on sera divisé en deux camps : les amis et les
ennemis du suffrage direct et universel,
et la bataille ne prendra fin que lors-
qu'on aura rendu justice à tout le monde. Ne vaut-il pas mieux prévenir ces
luttes et commencer par où l'on finira
fatalement tôt ou tard ? Chacun chez
soi, chacun son droit, disait feu M. Du-
pin, et il avait raison.

N'est-il pas, en effet, contraire à toute équité que dans un pays comme le
nôtre, où chaque CITOYEN FRANÇAIS paie
l'impôt direct de capitation, où le far-
deau des impositions indirectes pèse
surtout sur les classes pauvres, on s'in-
génie à priver des droits électoraux ceux
qui ont le plus besoin d'être consultés ?
Et qu'on ne vienne pas nous parler du
suffrage à deux degrés, vieille machine
aristocratique reconstruite par la Restauration et que nos pères ont brisée
depuis près de quarante ans. Ce serait
l'escamotage du droit des électeurs, la

création d'une aristocratie bourgeoise, un nouveau fléau à ajouter à tous ceux qui ont désolé le pays. Si l'on veut aux colonies l'ordre, l'apaisement des passions extrêmes, le silence imposé aux factions et aux coteries, il n'y a pas d'autre moyen que le suffrage direct et universel. Lui seul a la force de contenir les minorités ardentes et de répondre à toutes les objections par la seule expression de sa volonté, lui seul peut donner une légitime satisfaction à tous les griefs des colons, lui seul peut rendre — s'il est possible — à nos pays déshérités, le calme et la félicité. S'il commet des erreurs, il ne peut s'en prendre qu'à lui ; mais pareil à la lance d'Achille, il a la propriété de guérir les blessures qu'il a faites ou qu'il s'est faites.

Nous concluons donc à la promulgation pure et simple dans la Colonie de la législation qui régit en France le suffrage direct et universel.

7° — Des communes.

Nos communes n'ayant rien qui les différencie des communes continentales doivent être soumises à la même législation communale qu'en France, sauf à profiter de toutes les libertés que leur rendra sans doute plus tard le pouvoir central. Ainsi nos petites communes: Saint-Philippe, les Deux-Plaines, auraient au moins à élire dix conseillers municipaux, tandis que nos villes principales verraient s'élever à trente-six le chiffre de leurs mandataires. Excellent système pour combattre les coteries, les influences de clocher, les transactions véreuses et bien d'autres abus.

8° — Conseil général ou colonial.

Arrivons au Conseil colonial ou général — peu importe le nom — dont les membres se trouvent forcément investis d'attributions plus étendues que celles des conseils généraux des départements. Elles sont énumérées dans les sénatus-consultes du 3 mai 1854 et du 4 juillet 1866. Pour le moment, on peut s'en contenter, sauf à réclamer plus tard du pouvoir central celles qu'il serait utile ou opportun d'obtenir.

Ce qu'il faut changer, c'est la composition et la discipline intérieure du Conseil colonial.

Le nombre des membres actuels doit être au moins doublé, c'est-à-dire porté

à quarante-huit, et peut-être à cin-
quante-deux, comme dans l'ancienne Assemblée coloniale dissoute en 1803 par
le capitaine-général Decaën. Il importe
que toutes les communes soient représentées en raison du chiffre de leur population *française* et qu'on ne se livre
plus à ces mariages forcés des petites
communes avec les grandes, ainsi que
cela a lieu entre Sainte-Marie et Sainte-
Suzanne ; Saint-Benoit, Sainte-Rose et
la Plaine des Palmistes ; Saint-Joseph et
Saint-Philippe ; Saint-André et Salazie ;
Saint-Louis et Saint-Leu. Il ne faut jamais sacrifier les faibles, et c'est ce qui
arrive quelquefois dans ces accouple-
ments inégaux.

Le doublement des membres actuels
du Conseil général se justifie également
par la nécessité dans un pays aussi petit que le nôtre, où les liens de parenté
et de camaraderie sont puissants, d'an-
nihiler les coteries, de créer des partis
pour éviter les factions, d'avoir, ainsi
que cela a lieu dans toutes les assemblées de valeur, une droite pour représenter l'esprit conservateur, une gauche
pour faire avancer le char social, un centre pour les modérer et les départager.
C'est par la lutte salutaire de ces trois

Don
SCHOELCHER

grandes divisions de l'esprit humain que les progrès peuvent s'opérer sans secousse et avec profit — autant du moins que le permet l'infirmité de notre nature. Aucun conseiller colonial ne peut être fonctionnaire . Celui qui vit du budget et qui est dans la dépendance du pouvoir n'a pas de vote réellement libre , sauf de rares exceptions.

Le conseil colonial doit être partagé en plusieurs bureaux. Car dans les bureaux seuls on travaille réellement et efficacement ; là les membres timides ou privés de la faculté d'élocution, mais souvent pleins de raison et de bon sens, peuvent parler et éclairer leurs collègues, ce qu'ils n'osent ou ne peuvent faire en séance publique. Un des grands vices du conseil général actuel était l'absence des bureaux.

Les séances du conseil doivent être publiques, car sans publicité une assemblée s'étiole bien vite et s'annihile. Cette vérité élémentaire ne se discute plus dans les pays libres. Il en résulte nécessairement que le nom des orateurs doit figurer au procès-verbal et que la ridicule et grotesque appellation « Un membre » doit disparaître sous le nouveau régime. — La publication des procès-verbaux doit être quotidienne et non renvoyée à 3 et 4 semaines, ainsi que cela a lieu aujourd'hui et alors que tout l'intérêt des séances du conseil s'est éteint. Enfin le scrutin de division ne doit jamais être refusé et le nom des votants doit être inséré au procès-verbal, car les mandataires du peuple sont tenus de délibérer sous ses yeux et ne peuvent décliner la responsabilité de leurs votes, sous peine de forfaiture.

Il serait aussi à désirer que le président de l'assemblée et les membres du bureau fussent élus par elle, comme cela se pratique chez les peuples libres; mais le pouvoir central n'ayant pas encore restitué cette prérogative au Corps législatif et aux conseils généraux des départements, il est peut-être prématuré de la demander.

Reste un point délicat à traiter ; nous voulons parler de la rétribution à accorder aux membres du conseil colonial. Si les finances de la colonie n'étaient pas dans un état aussi déplorable, il ne faudrait pas hésiter à payer les mandataires du peuple comme l'on paie les députés au Corps législatif ; car autrement on bannit des Assemblées des hommes capables et intelligents,

mais qui n'ont pas les moyens néces-
saires pour vivre loin de chez eux ou
priver leurs familles du produit de leur
travail. Dans une démocratie, aucune
fonction publique ne doit être gratuite,
et c'est le cas de rappeler le mot de M.
de Talleyrand , à propos de la pairie de
1815 : « La gratuité des fonctions de pair
va coûter bien cher . » — Et l'on ne
vivait pourtant pas sous un régime démo-
cratique ! — Toutefois , eu égard aux
tristes circonstances actuelles, on se de-
mande si cette question ne doit pas
être renvoyée à des temps plus heu-
reux — c'est au peuple à aviser.

9° — De la Représentation directe.

Certes, ce qui importe le plus aux Colonies, c'est de nommer elles-mêmes
leurs conseillers municipaux et généraux, de jouir d'une large autonomie
administrative , d'être les tutrices de
leurs affaires intérieures. Mais le besoin
d'être représentées au sein des Assemblées nationales, de prendre part à la
discussion des lois qui obligent les Français d'outre-mer comme ceux du continent, de faire entendre leur voix toutes

les fois que des questions d'un grand intérêt général sont à l'ordre du jour, surtout quand il s'agit de paix ou de guerre, de se défendre quand on les attaque, d'éclairer les Représentants de tous les Français et le pouvoir central quand des événements graves se passent dans leur sein, de s'unir plus étroitement au point de vue politique avec la mère-patrie, de fortifier les liens qui les rattachent au pays d'où nous vient la vie, le progrès, la lumière, — ce besoin , disons-nous , ne peut leur être contesté. Aussi , nos grandes Assemblées révolutionnaires de 1789 comme de 1848 n'avaient pas hésité à le satisfaire, et nos Représentants à ces deux époques ont siégé sans difficulté parmi les mandataires du peuple français.

Quel mal en est-il résulté et pour les colonies et pour la mère-patrie ? Quel embarras nos représentants ont-ils causé ? Quelle objection leur présence a-t-elle soulevée ? C'est ce que nous serions curieux de voir établir par les adversaires de la Représentation directe. Aussi, se gardent-ils bien de porter la question sur ce terrain et se bornent-ils à de vagues déclamations sur l'origine des pouvoirs et sur des questions de détails infimes. L'expérience de 1789 et de 1848 fait justice de toutes ces chicanes de mauvais aloi et réduit à néant toutes les objections anti-libérales, anti-démocratiques des adversaires de la Représentation directe des Colonies.

Sans remonter aux temps héroïques de 1792 à 1800, il nous est permis de faire appel aux souvenirs contemporains et de demander si MM. Barbaroux, de Greslan, V. Schœlcher, Perrinon, Louisy Mathieu et autres, députés des Colonies à l'Assemblée Législative de 1849, ont été inférieurs à leurs collègues du continent, ont compromis soit la cause nationale, soit la cause coloniale, n'ont pas prouvé toute l'aptitude des Colons à comprendre le jeu des institutions constitutionnelles et à suivre le drapeau particulier des partis qui divisent la France. Nos députés iront à droite, à gauche ou au centre comme ceux des départements ; ils ne formeront pas au sein du Corps Législatif une faction coloniale dangereuse pour la mère-patrie ou le pouvoir central, mais en revanche ils fourniront sur les pays d'outre-mer des lumières qui font souvent défaut. Combien de fois, en lisant les comptes-rendus des séances du Corps

Législatif depuis 17 ans , n'avons-nous pas été frappés de l'ignorance où bien des députés étaient des choses coloniales, des énormités qui se débitaient, des erreurs profondes 'où tombaient même les hommes les plus éminents — M. Thiers, entr'autres ? — Combien de fois n'avons-nous pas déploré l'absence de nos représentants du Corps Législatif ? Dans des circonstances récentes , si le très-illustre M. Jules Simon , ému d'un sentiment de pitié digne de sa grande âme , n'avait pas pris notre défense, plaidé notre cause , réclamé en notre faveur , éclairé la France , quelle opinion nos concitoyens du grand pays auraient-ils conçue de nous ? Ah ! le droit , la justice , l'expérience acquise concluent à l'admission de nos représentants dans le parlement national ; espérons que le pouvoir central le reconnaîtra tôt ou tard et nous débarassera de cette délégation si vaine, si inutile , ainsi que l'ont prouvé l'expérience de 1833 à 1848 et celle de 1854 à 1869 ; de ce comité consultatif siégeant près du ministre de la Marine et des colonies au profit seulement de quelques amours-propres faciles à contenter.

10°—Réforme administrative.

Ce n'est pas tout de doter les colonies de la législation française, du suffrage direct et universel , de la représentation directe , il faut aussi que l'administration intérieure de ces pays éloignés soit conforme à leurs besoins , bien réglée, bien distribuée , puissante pour faire de bonnes choses , impuissante à faire le mal — toujours sous la réserve de la fragilité inhérente à l'humanité. A ce point de vue, la réforme des ordonnances et décrets organiques de 1825 et 1855 est indispensable.

Tout homme expérimenté sait qu'en tout pays , l'Administration a une grande prépondérance sur la majorité des assemblées, que son influence y domine en général, que les majorités sont plutôt conservatrices que progressives ou rétrogrades , qu'à moins d'une évidence bien éclatante , elles se méfient des partis extrêmes, qu'elles ont plutôt confiance dans des hommes rompus aux affaires que dans ceux qui ne les pratiquent pas. Cet aveu dépouillé d'artifice ne nous coûte nullement, à nous qui appartenons par principes et par tempérament à la gauche — d'aucuns disent même à l'extrême gauche — parce qu'il est conforme à la vérité, à l'étude des faits ; mais il fallait le faire pour prouver la justesse des réformes que nous sollicitons.

A la Réunion comme aux Antilles, les attributions des gouverneurs pourraient demander quelques modifications: mais il ne faut pas être trop exigeant et jusqu'à nouvel ordre il n'est pas opportun d'y toucher. En effet, à côté de certains inconvénients il y aussi de grands avantages. Le temps nous apprendra le reste. Mais il n'en est pas de même des attributions des chefs d'Administration.

Par la plus étrange des aberrations, on a dépouillé certains de ces fonctionnaires pour écraser le Directeur de l'intérieur, le surcharger de besogne. Il en est résulté que pendant que le Commandant militaire, l'Ordonnateur et le Procureur-général n'avaient presque rien à faire, le Directeur de l'intérieur succombait à la peine, laissait les affaires s'accumuler, entassait les dossiers, et alors rien ne marchait ; les abus se multipliaient, la surveillance était dérisoire. Il importe de porter un prompt remède à cet état de choses qui n'a pas peu contribué depuis douze ans à la ruine générale.

Nous soutenons que les services financiers, savoir : 1° L'Enregistrement et le Timbre ; 2° Les Douanes ; 3° Les Contributions directes et indirectes ; 4° La Poste et les recettes diverses, doivent faire retour à l'Ordonnateur qui deviendra ainsi un véritable ministre des finances, chargé de défendre sa caisse contre les entreprises de ses collègues, chargés de la dépense.

Nous soutenons que l'on établira ainsi une lutte salutaire et profitable aux contribuables entre les chefs d'Administration, tandis qu'aujourd'hui, le Directeur de l'Intérieur qui a le droit d'ouvrir et de fermer la caisse, se laisse aller trop facilement à ce que l'on a nommé parfois l'entraînement du bien. A l'époque où l'ordonnateur avait les services financiers sous ses ordres, on n'entendait parler ni de déficit, ni de vols audacieux dans les caisses publiques ; et notre compatriote, Achille Bédier, a laissé le souvenir d'une des administrations les plus probes, les plus économiques qu'on ait jamais vues. Il faut suivre ses traces et revenir à ses agissements.

Les opérations du recrutement, le service des milices ou des gardes nationales reviennent de droit au commandant militaire, qui devrait reprendre sa place au Conseil privé, ainsi que cela existait autrefois. Quelle nécessité il y a-t-il eu de bannir ce haut fonctionnaire des affaires publiques? On l'a isolé de la population, on l'a désintéressé des choses coloniales, on en a fait un étranger parmi nous et il n'en est résulté que des malheurs. Revenons donc aux anciens errements, car le progrès ne consiste pas à changer les choses et les hommes de place.

Il convient de mettre sous les ordres du Procureur Général le service de l'Immigration, la Police, les Geôles, les Ateliers de discipline. On déchargera d'autant la Direction de l'Intéreur, on rendra à ce ministre de la Justice au petit pied les fonctions qui lui conviennent, on assurera, d'une manière certaine, l'exécution des arrêts de la justice qui est fort souvent négligée ou éludée, et tout le monde s'en trouvera mieux.

Il restera donc au Directeur de l'Intérieur à surveiller et diriger: 1° Les Cultes ; 2° L'Instruction publique ; 3° L'Agriculture, le Commerce , l'Indus-

trie ; 4° Le service fdes Eaux et Forêts ;
5° L'Assistance, publique ; 6° Les Hôpi-
taux ; 7° Les Travaux publics ; 8° Le service des Communes et une foule de pe-
tits services qui occuperont largement
son temps.

On voit que tout en dépouillant la Direction de l'Intérieur de nombreuses attributions, nous ne lui ménageons pas
la besogne, mais aussi grâce au soulage-
ment qu'elle éprouvera, sa surveillance
deviendra plus active, plus efficace, et
l'on n'entendra plus parler des scandales
déplorables qui ont occupé si vivement
depuis quelque temps l'opinion publique.

Les quatre chefs d'Administration : le
Commandant militaire, l'Ordonnateur,
le Procureur général, le Directeur de l'intérieur, se partageant ainsi tous les services coloniaux, devront assister aux séances du Conseil colonial, y défendre les
propositions du Gouvernement, éclairer
l'assemblée par leurs connaissances pra-
tiques, et au besoin s'adjoindre leurs
chefs de service ou leurs employés pour
donner tous renseignements aux mandataires du peuple colonial. C'est ce qui
a lieu en partie aujourd'hui, mais il faut
généraliser la mesure. Il est bien enten-
du qu'ils ne pourront pas prendre part

aux délibérations du Conseil colonial.

Par tout ce qui précède, on doit voir combien la refonte de l'ordonnance de 1825 et du décret de 1855 est urgente, combien il est nécessaire de nous doter d'un nouveau décret organique.

11° — Du Conseil privé.

Cette institution serait excellente si le souffle de la liberté venait à la revivifier, si nos Gouverneurs et les Chefs d'Administration, souvent étrangers à la Colonie, étaient entourés d'hommes instruits, éclairés, investis de la confiance publique et en nombre suffisant pour représenter tous les intérêts coloniaux.

Sont membres de droit du Conseil privé les quatre chefs d'Administration et le Contrôleur colonial qui représentent l'élément fonctionnaire. Il convient que l'élément civil soit représenté au sein du Conseil privé par un nombre égal de membres choisis dans la population :

— Un conseiller grand propriétaire.

— Un conseiler petit propriétaire.

— Un conseiller faisant partie du haut commerce.

— Un conseiller faisant partie du petit commerce.

— Un conseiller choisi dans les classes ouvrières et représentant des prolétaires.

Ces conseillers devraient être nommés par le Gouverneur sur des listes *triples* fournies par ia Chambre d'Agriculture, élue par l'universalité des propriétaires, par la Chambre de commerce élue par l'universalité des patentés, par les Sociétés ouvrières de Saint-Denis, Saint-Paul et Saint-Pierre.

Le Gouvernement serait ainsi assuré d'avoir auprès de lui, et comme Conseillers intimes, des hommes jouissant de l'estime et de la confiance de leurs concitoyens, intéressés à ne pas le tromder, aussi capables que le pays peut les fournir. Ils feraient contre-poids aux cinq hauts fonctionnaires qui dirigent la colonie sous les ordres du Gouverneur ; et, comme après tout, le Conseil privé n'est que consultatif, le Gouverneur serait toujours à même de passer outre, si dans sa haute sagesse il reconnaissait que ses conseillers se sont trompés. Ce dernier cas est peu à craindre, et d'ailleurs l'usage de tout décider à la majorité des voix s'est, dit-on, implanté depuis longtemps dans le Conseil privé actuel.

Nous en avons fini avec ce long travail qui a peut-être fatigué l'attention de nos lecteurs ; mais le sujet est si intéressant pour l'avenir de la colonie !

Nous n'avons pas la prétention de présenter un projet complet et parfait, à l'abri des critiques et des observations, et nous sommes prêt à rectifier tout ce qu'on nous démontrera être inutile ou impraticable. Si pourtant notre Plan de Réforme coloniale pouvait réunir ici un grand nombre de suffrages, s'il avait surtout la chance de frapper l'esprit de ceux qui bientôt vont décider de notre sort, s'il pouvait faire un peu de bien, nous serions largement payé de la peine que nous avons prise, et ce serait pour nous la plus douce des récompenses.

Quoi qu'il arrive, nous avons fait notre devoir en publiant nos idées sur la réforme coloniale qui se prépare, et nous pouvons répéter sans crainte le vieil adage :

Fais ce que dois, advienne que pourra.

A. Laserve.

Imp. E. Delval, rue du Barachois, 50.

www.ingramcontent.com/pod-product-compliance
Lightning Source LLC
Chambersburg PA
CBHW061126050726
47594CB00005B/2120